Michael Neureiter

Die Risikogesellschaft von Ulrich Beck

Konzept, Kontext und Kritik

Neureiter, Michael: Die Risikogesellschaft von Ulrich Beck: Konzept, Kontext und Kritik. Hamburg, Bachelor + Master Publishing 2014
Originaltitel der Arbeit: Ulrich Beck: Die Risikogesellschaft - Konzept, Kontext und Kritik

Buch-ISBN: 978-3-95820-094-4
PDF-eBook-ISBN: 978-3-95820-594-9
Druck/Herstellung: Bachelor + Master Publishing, Hamburg, 2014
Coverbild: pixabay.com
Zugl. Katholische Universität Eichstätt-Ingolstadt, Eichstätt, Deutschland, Studienarbeit, 2009

Bibliografische Information der Deutschen Nationalbibliothek:
Die Deutsche Nationalbibliothek verzeichnet diese Publikation in der Deutschen Nationalbibliografie; detaillierte bibliografische Daten sind im Internet über http://dnb.d-nb.de abrufbar.

Das Werk einschließlich aller seiner Teile ist urheberrechtlich geschützt. Jede Verwertung außerhalb der Grenzen des Urheberrechtsgesetzes ist ohne Zustimmung des Verlages unzulässig und strafbar. Dies gilt insbesondere für Vervielfältigungen, Übersetzungen, Mikroverfilmungen und die Einspeicherung und Bearbeitung in elektronischen Systemen.

Die Wiedergabe von Gebrauchsnamen, Handelsnamen, Warenbezeichnungen usw. in diesem Werk berechtigt auch ohne besondere Kennzeichnung nicht zu der Annahme, dass solche Namen im Sinne der Warenzeichen- und Markenschutz-Gesetzgebung als frei zu betrachten wären und daher von jedermann benutzt werden dürften.

Die Informationen in diesem Werk wurden mit Sorgfalt erarbeitet. Dennoch können Fehler nicht vollständig ausgeschlossen werden und die Diplomica Verlag GmbH, die Autoren oder Übersetzer übernehmen keine juristische Verantwortung oder irgendeine Haftung für evtl. verbliebene fehlerhafte Angaben und deren Folgen.

Alle Rechte vorbehalten

© Bachelor + Master Publishing, Imprint der Diplomica Verlag GmbH
Hermannstal 119k, 22119 Hamburg
http://www.diplomica-verlag.de, Hamburg 2014
Printed in Germany

Inhaltsverzeichnis

A. Einleitung 1

B. Die Risikogesellschaft – Konzept, Kontext und Kritik 2

    1. Das Konzept der Risikogesellschaft 2

        1.1 Zu den Risiken moderner Gesellschaften 2

        1.2 Interpretation, Definition und Anerkennung von Risiken 3

        1.3 Zur Verteilung von Modernisierungsrisiken - Soziale Gefährdungslagen ... 4

        1.4 Individualisierung in der Risikogesellschaft 5

        1.5 20 Jahre später: von der Risiko- zur Weltrisikogesellschaft 7

    2. Kontext: von der Ersten zur Zweiten Moderne 10

    3. Zur Kritik an Ulrich Becks Theorie 13

        3.1 Rainer Geißlers Vorwurf der Verschleierung sozialer Ungleichheitsverhältnisse ... 13

        3.2 Kritische Würdigung bei Richard Münch 14

C. Fazit 16

D. Literaturverzeichnis 18

A. Einleitung

Eine bekannte deutsche Sozialorganisation wirbt derzeit mit dem Slogan „In was für einer Gesellschaft wollen wir leben?".[1] Für den Soziologen stellt sich jedoch eher die Frage „In was für einer Gesellschaft leben wir?". Denn erst wenn wir sicher zu sagen vermögen, wie unsere moderne Gesellschaft überhaupt beschaffen ist, macht es aus soziologischer Sicht Sinn, auf der Grundlage des ermittelten Ist-Zustandes Vorschläge zu dessen Verbesserung zu formulieren. Unglücklicherweise handelt es sich bei der menschlichen Gesellschaft um einen äußerst komplexen Untersuchungsgegenstand, weshalb bis zum heutigen Tage (leider) keine allgemeingültige Theorie zu deren Erklärung entwickelt werden konnte. Verschiedene Autoren haben unterschiedliche Aspekte der Gesellschaft als besonders prägend und erwähnenswert erachtet, weshalb heute eine Vielzahl sog. „Gesellschaftstheorien"[2] existiert, die allesamt auf ihre Weise versuchen, die zentralen Elemente, Probleme und Wirkungsweisen des Phänomens Gesellschaft herauszuarbeiten. Dabei wird der Aspekt von Gesellschaft, der als zentral angesehen wird, in vielen Fällen auch gleichzeitig zum Namensgeber der Theorie, weshalb solche Erklärungsansätze Titel wie „Erlebnisgesellschaft", „Kommunikationsgesellschaft", „Weltgesellschaft", „Informationsgesellschaft" oder „Multioptionsgesellschaft" tragen, um nur einige Beispiele zu nennen.

Einen vielbeachteten Erklärungsansatz der modernen Gesellschaft stellt das von dem deutschen Soziologen Ulrich Beck entworfene Konzept der sog. „Risikogesellschaft" dar, das er 1986 in seinem gleichnamigen Buch erstmals vorgestellt hat. Ziel dieser Arbeit ist es, die zentralen Merkmale der Risikogesellschaft herauszuarbeiten und prägnant darzustellen, um dem Leser auf diese Weise einen Überblick über Becks relativ komplexe Gegenwartsdiagnose zu verschaffen. Darüber hinaus soll erläutert werden, in welchem Kontext die Risikogesellschaft im Hinblick auf Becks Gesamtwerk zu verstehen ist. Der dritte und letzte Punkt dient zur Darstellung eventueller Schwächen und Probleme des Konzepts der Risikogesellschaft. Dazu soll exemplarisch auf die Kritik der beiden deutschen Soziologen Rainer Geißler und Richard Münch eingegangen werden. In einem abschließenden Fazit sollen dann noch einmal die wichtigsten Erkenntnisse dieser Arbeit komprimiert dargestellt werden.

---

[1] http://diegesellschafter.de/index.php?z1=1245241452&z2=6e83a44498a5a4794dac3dd2fce6416e& (Zugriff 18.06.2009)
[2] Zahlreiche Soziologen bezeichnen Konzepte wie die Risikogesellschaft, welche (lediglich) die Beschaffenheit heutiger bzw. moderner Gesellschaften beschreiben und zu erklären versuchen, jedoch nicht als Gesellschaftstheorien, sondern als Gegenwartsdiagnosen (z. B. Uwe Schimank und Ute Volkmann), als Gesellschaftsbegriffe bzw. Konzepte moderner Zeitdiagnosen (z. B. Georg Kneer, Armin Nassehi und Markus Schroer) oder als Gesellschaftskonzepte (z. B. Armin Pongs).

B. Die Risikogesellschaft – Konzept, Kontext und Kritik
1. Das Konzept der Risikogesellschaft
1.1 Zu den Risiken moderner Gesellschaften

Aus der Benennung von Becks Konzept geht bereits hervor, dass die Komponente des Risikos einen zentralen Platz in dessen Gegenwartsdiagnose einnimmt. Tatsächlich sieht Beck im Risiko das kennzeichnende Merkmal unserer heutigen Gesellschaft. Unter dem Begriff ist folgendes zu verstehen: „Risiko bedeutet die Antizipation der Katastrophe. Risiken handeln von der Möglichkeit künftiger Ereignisse und Entwicklungen, sie vergegenwärtigen einen Weltzustand, den es (noch) nicht gibt. [...] Risiken sind immer zukünftige Ereignisse, die uns bevorstehen, uns bedrohen. Aber da diese ständige Bedrohung unsere Erwartungen bestimmt, unsere Köpfe besetzt und unser Handeln leitet, wird sie zu einer politischen Kraft, die die Welt verändert."[3] Ein Risiko ist also die Erwartung eines in der Zukunft eintretenden (negativen) Ereignisses, wodurch bereits unser gegenwärtiges Handeln beeinflusst wird. Nun muss man sich an dieser Stelle natürlich die Frage stellen, warum gerade dieses Phänomen kennzeichnend für die moderne Gesellschaft sein soll. Schließlich kannten auch die Menschen früherer Epochen das Risiko als eine handlungsbestimmende Größe. Beck sieht jedoch gravierende Unterschiede zwischen den Risiken unserer heutigen Zeit und denen früherer Gesellschaften:[4]

- Ein Unterschied besteht darin, dass die Risiken der heutigen Gesellschaft auf moderne Ursachen zurückzuführen sind, weshalb sie auch als Modernisierungs- oder Zivilisationsrisiken bezeichnet werden. Sie sind ein pauschales Produkt (oder anders ausgedrückt: eine Nebenfolge) des industriellen Fortschritts. Sie werden nicht intentional hervorgebracht, sondern wachsen in dem Maße, in dem auch unsere technische Entwicklung fortschreitet.
- Schon seit ihrem Beginn ging die Industrialisierung mit Nebenfolgen einher. Zu nennen sind hier bspw. ein verstärktes Armuts- und Gesundheitsrisiko breiter Bevölkerungsteile. Heutige Nebenfolgen des technischen Fortschritts zeichnen sich jedoch durch die Globalität ihrer Bedrohung aus; eine Eigenschaft, die denen früherer Epochen fehlte. So haben die heutigen Risiken eine neue Qualität angenommen, denn sie sind nicht mehr an den Ort ihrer Entstehung gebunden. Im Gegenteil: „Ihrem Zuschnitt nach gefährden Sie das Leben auf dieser Erde, und zwar in all seinen Erscheinungsformen."[5]

---

[3] Beck, Ulrich: Weltrisikogesellschaft. Auf der Suche nach der verlorenen Sicherheit. Frankfurt am Main 2007. S. 29.
[4] Vgl. Beck, Ulrich: Risikogesellschaft. Auf dem Weg in eine andere Moderne. Frankfurt am Main 1986. S. 28 f.
[5] ebd., S. 29.

- Eine weitere Differenz ist darin zu sehen, dass die damaligen Gefährdungen sinnlich wahrnehmbar waren, d. h. Armut usw. stellten konkret erfahrbare Risiken dar. Dem stehen die Risiken unserer heutigen Zeit gegenüber, die größtenteils in latenten Formen auftreten, sich also einer eindeutigen Wahrnehmung entziehen und in ihrem Kern meist unsichtbar bleiben.

Die Risiken unserer Zeit unterscheiden sich also stark von denen der Antike und des Mittelalters, aber auch von denen der frühen Industrialisierung. Ein Blick auf die oben genannten Unterschiede sollte ausreichen, um zu erkennen, welche Risiken es sind, die Beck als kennzeichnend für die heutige Gesellschaft ansieht und denen er den Status zuspricht, unser Handeln nachhaltig zu beeinflussen: es sind in erster Linie ökologische Gefährdungen, bspw. die zunehmende Verschmutzung der Gewässer und der Luft, die steigenden Giftgehalte in den Nahrungsmitteln und die ständige atomare Bedrohung (sowohl durch die Lagerung von Nuklearabfällen als auch durch mögliche Unfälle in Kernkraftwerken) sowie die mit ihnen verbundenen Folgen (Waldsterben, Artensterben, Volkskrankheiten etc.).[6]

1.2 Interpretation, Definition und Anerkennung von Risiken

Zu einem Risiko in dem beschriebenen Sinne wird eine Gefährdung jedoch nicht allein dadurch, dass sie „objektiv" besteht. Wegen des vorher dargestellten Sachverhalts der eingeschränkten Wahrnehmbarkeit von Modernisierungsrisiken sind diese in besonderem Maße „offen für soziale Definitionsprozesse",[7] weshalb dem Prozess der Deutung eine herausragende Stellung einnimmt. Oder anders ausgedrückt: „Ins Zentrum rücken mehr und mehr Gefährdungen, die für die Betroffenen oft weder sichtbar noch spürbar sind [... und] die der Wahrnehmungsorgane der Wissenschaft bedürfen – Theorien, Experimente, Meßinstrumente [sic] –, um überhaupt als Gefährdungen sichtbar, interpretierbar zu werden."[8] In der Risikogesellschaft obliegt die Aufgabe der Deutung von Risiken also v. a. der Wissenschaft, in erster Linie den Naturwissenschaften. Sie bestimmen bspw., welche Stoffe als gefährlich für Tier, Umwelt und Mensch einzustufen sind und bis zu welchen Belastungsgrenzen sie als hinnehmbar erscheinen. Dadurch kommt ihnen eine gesellschaftlich-politische Schlüsselposition zu.[9]

Diese Offenheit bei der Festlegung von Risiken führt dazu, dass eigene Werte und Interessen in den Prozess der Risikodefinition einfließen können. Deshalb gibt es in der Risikogesellschaft auch keine einheitlichen Interpretationen von Gefährdungen. Stattdessen stehen sich zahlreiche divergierende Definitionen der verschiedenen Risiken gegenüber, die stark nach dem sozialen/kulturellen Standort und den Interessen der jeweiligen Wissenschaftler bzw. ihrer Auftraggeber variieren. Es kommt zu

---

[6] Vgl. Beck 1986, a. a. O., S. 28 ff.
[7] ebd., S. 30.
[8] ebd., S. 35.
[9] Dies wird von Beck durchaus kritisch betrachtet. Die Durchschnittswerte von Schadstoffen (bspw. von Blei) die in bestimmten Regionen festgestellt und häufig als unbedenklich eingestuft werden, sagen noch lange nichts aus über die tatsächliche Belastung des Einzelnen. Hier liegt nach Becks Ansicht ein elementarer Fehler im Umgang mit Risikomessungen vor. Diese sollten nicht rein in naturwissenschaftlichen Kategorien stattfinden, sondern auch und vor allem beim einzelnen Menschen ansetzen.

einer konfliktvollen Pluralisierung und Definitionsvielfalt von Zivilisationsrisiken, zu einer „Überproduktion von Risiken, die sich teils relativieren, teils ergänzen, teils wechselseitig den Rang ablaufen. Jeder Interessenstandpunkt versucht sich mit sich mit Risikodefinitionen zur Wehr zu setzen und auf diese Weise Risiken, die ihm selbst ins Portemonnaie greifen, abzudrängen."[10] Es kommt also zu einer gewissen Instrumentalisierung des Risikos, wenn bspw. große Unternehmen versuchen, mit dem Verweis auf andere Risikoproduzenten von ihren selbst geschaffenen Gefährdungen abzulenken. Das macht es laut Beck auch nahezu unmöglich, einen alleinigen Akteur für ein bestimmtes Risiko verantwortlich zu machen. In der Risikogesellschaft gibt es daher keinen individuellen Schuldigen: Jeder ist verantwortlich und auch wieder keiner.[11]

Zusammenfassend lässt sich hierzu also sagen, dass in der Risikogesellschaft nur das zum Risiko werden kann, was von den dafür vorgesehenen Definitionsinstanzen – das sind in besonderem Maße die Naturwissenschaften in Verbindung mit Politik und Wirtschaft – auch als solches definiert wird. Dabei stehen sich zahlreiche verschiedene Interpretationen von Risiken gegenüber, die häufig miteinander in Konkurrenz stehen. Ob ein Risiko innerhalb einer Gesellschaft auch wirklich zu einer handlungsbestimmenden Größe wird, hängt letztendlich aber auch davon ab, ob es von der Bevölkerung anerkannt wird. Wie schon bei der Definition spielen auch bei diesem Anerkennungsprozess soziokultureller Standort und Interessenlage eine große Rolle, in diesem Fall jedoch nicht die der Definitionsinstanzen, sondern die der übrigen Gesellschaftsmitglieder.[12]

1.3 Zur Verteilung von Modernisierungsrisiken - Soziale Gefährdungslagen

Ebenso wie beim Reichtum stellt sich auch bei Risiken die Frage, wie diese innerhalb der Bevölkerung verteilt sind. Sind sich gleich verteilt, oder sind wie bei der Reichtumsverteilung bestimmte Personen bzw. Personengruppen stärker von ihnen betroffen? Sind es vielleicht sogar die gleichen Klassen bzw. Schichten, die in beiden Kategorien benachteiligt werden? Beck schreibt hierzu Folgendes: „Art, Muster und Medien der Verteilung von Risiken unterscheiden sich systematisch von den der Reichtumsverteilung. Dies schließt nicht aus, daß [sic] viele Risiken schicht- oder klassenspezifisch verteilt sind."[13] Auf den ersten Blick scheinen Risiken die traditionelle Klassengesellschaft zu verstärken. Die reiche Oberschicht kann es sich leisten, sich eine gewisse Sicherheit und Freiheit vom Risiko zu erkaufen, bspw. durch qualitativ höherwertige und dadurch teurere Lebensmittel, während ihm die ärmere Unterschicht mehr oder weniger schutzlos ausgeliefert ist. Dies trifft jedoch nur oberflächlich zu, denn in ihrem Kern ist die Verteilungslogik des Risikos eine ganz andere wie die des Reichtums.[14] Wurde gerade noch das Beispiel der höherwertigen Nahrungsmittel genannt, so lässt sich dazu anmerken, dass es sich nur auf bestimmte Lebensmittel anwenden lässt. Bereits bei der Trinkwasserversor-

---

[10] Beck 1986, a. a. O., S. 40.
[11] Vgl. Beck 1986, a. a. O., S. 40 ff.
[12] Vgl. ebd., S. 45.
[13] ebd., S. 46.
[14] Vgl. ebd., S. 47 ff.

gung ist ein Ausweichen der Oberschicht unmöglich. Die ist nämlich für alle Menschen dieselbe, egal welcher Klasse sie angehören. Beck bricht diesen Sachverhalt auf eine einfache Formel herunter: „Not ist hierarchisch, Smog demokratisch."[15] Dies bedeutet: Je größer das Risiko, desto weniger macht es Halt vor den Grenzen der traditionellen Klassen und Schichten. Ein Chemie- oder Reaktorunfall würde Reich und Arm, Jung und Alt, Mann und Frau in gleicher Wiese treffen. Oder anders ausgedrückt: Modernisierungsrisiken betreffen alle Gesellschaftsmitglieder nahezu gleichermaßen. Auf nationaler Ebene übt das Risiko also eine egalisierende Wirkung aus und überlagert somit die bisherigen sozialen Ungleichheiten, die sich zu einem großen Teil an Besitz und Nichtbesitz festmachten. Die Zugehörigkeit zu einer bestimmten Klasse oder Schicht ist in der Risikogesellschaft also bei weitem nicht mehr so handlungsrelevant, wie dies im 19. und weiten Teilen des 20. Jahrhunderts noch üblich war. Statt der Klassekonflikte der frühen Industriegesellschaft werden nun Konflikte über die Definition von und den Umgang mit Risiken ausgetragen und das Risiko somit zur stärker handlungsbestimmenden Variablen. Auf internationaler Ebene entstehen indes neue Formen der Ungleichheit, da die Entwicklungsländer nicht an den Modernisierungsprozessen in den Industriestaaten teilhaben, wohl aber die durch sie verursachte globale Erwärmung im selben Maße mitzutragen haben.[16]

1.4 Individualisierung in der Risikogesellschaft

Der letzte Abschnitt weist bereits auf einen weiteren wichtigen Aspekt von Becks Konzept hin. So ist die bisher dargestellte Verteilungslogik von Modernisierungsrisiken und die in ihnen enthaltene soziale und politische Konflikt- und Entwicklungsdynamik nur ein Kennzeichen der Risikogesellschaft, wenn auch ein wesentliches. Dieses wird jedoch überlagert durch „gesellschaftliche, biographische und kulturelle Risiken und Unsicherheiten, die in der fortgeschrittenen Moderne das soziale Binnengefüge der Industriegesellschaft – soziale Klassen, Familienformen, Geschlechtslagen, Ehe, Elternschaft, Beruf – und die in sie eingelassenen Basisselbstverständlichkeiten der Lebensführung ausgedünnt und umgeschmolzen haben."[17] Dieses zweite zentrale Merkmal der Risikogesellschaft, das – wie auch schon in 1.3 ansatzweise dargestellt – eng mit dem ersten in Verbindung steht, bezeichnet Beck als „Individualisierung". Hierunter versteht er einen Prozess, der aus drei Dimensionen besteht:[18]

- Individualisierung bedeutet erstens die Herauslösung aus historisch vorgegebenen Sozialformen und -bindungen. Dies betrifft nicht nur die bisher angesprochene (teilweise) Abkehr von den traditionellen sozialen Schichten und Klassen. Gemeint ist auch die Herauslösung aus bestimmten anderen Lebensformen, so z. B. aus der konventionellen Familie und aus überkommenen Rollenbildern, v. a. der Geschlechterrollen.

---
[15] ebd., S. 48
[16] Vgl. Beck 1986, a. a. O., S. 52 ff.
[17] ebd., S. 115.
[18] Vgl. ebd., S. 206 ff.

- Dies geht einher mit einem Verlust von traditionellen Sicherheiten im Hinblick auf Handlungswissen, Glauben und leitende Normen. Der Einzelne kann sich in seinem Verhalten also nicht mehr so sehr an den bisherigen Sozialformen und –bindungen orientieren, die ihm in der Vergangenheit ein hohes Maß an Verhaltenssicherheit garantiert hatten.
- Da sich der Mensch jedoch nach einem gewissen Maß an Verhaltenssicherheit sehnt, führt diese Orientierungslosigkeit zu einer neuen Art der sozialen Einbindung. So ist der Einzelne nun auf der Suche nach alternativen Sozialformen und –bindungen, in die er sich einfügen kann.

Dieser für die Risikogesellschaft essentielle Prozess soll nun etwas ausführlicher erläutert werden. Beck ist der Ansicht, dass sich in den letzten Jahrzehnten enorme Verbesserungen in den Bereichen Einkommen, Bildung, Mobilität, Konsum, Arbeitszeit usw. ergeben haben, und zwar für alle Gesellschaftsmitglieder. So bestehen zwar auch heute noch (teils starke) Ungleichheiten zwischen den traditionellen sozialen Schichten, jedoch haben diese aufgrund der verbesserten Lebensbedingungen aller an Schärfe verloren. Beck spricht in diesem Zusammenhang vom sog. „Fahrstuhl-Effekt": der Wohlstand der Bevölkerung wurde – bei weiterhin bestehenden Ungleichheiten – insgesamt um eine Etage nach oben gefahren. Diese Anhebung des Lebensstandards hat neben weiteren Komponenten dazu geführt, dass sich die Angehörigen der verschiedenen Klassen in zahlreichen Bereichen wie z. B. dem Massenkonsum vermischen, wodurch die Grenzen zwischen ihnen verschwimmen. Das Mehr an Einkommen bei gleichzeitig sinkender Arbeitszeit führt indes zu einer bisher nicht da gewesenen Gestaltbarkeit des Lebens außerhalb der Erwerbstätigkeit.[19] Neben der Lage der sozialen Schichten hat sich in den letzten Jahren auch die der Frauen gravierend geändert. So ist die Erwerbsbeteiligung der Frauen seit den 70er Jahren kontinuierlich gestiegen, wodurch sie den Männern heute weitgehend gleichberechtigt gegenüberstehen. Diese Veränderung des Frauenbildes blieb für die gesellschaftliche Struktur nicht folgenlos: Nicht nur die weiblichen Gesellschaftsmitglieder selbst haben noch teilweise mit ihrem veränderten Rollenbild zu kämpfen, auch die Männer haben durch diese Entwicklung ihre Stellung als Ernährer und Familienvorstände eingebüßt, die ihnen in der Vergangenheit ein hohes Maß an Orientierung geboten hatte. Es kommen neue Verpflichtungen auf sie zu (Stichwort: Hausmann), mit denen sie erst einmal wenig anfangen können. Durch die Individualisierung der Frau in Verbindung mit der relativen Orientierungslosigkeit beider Geschlechter kommt es zu einer Brüchigkeit der Ehe- und Familienversorgung. Das traditionelle Familienbild gerät mehr und mehr ins Wanken.[20] Wenn also weder die traditionellen Klassen- bzw. Schichtzugehörigkeiten, noch die herkömmlichen Geschlechterrollen eine ausreichende Orientierung bieten, so müssen andere Institutionen/Instanzen gefunden werden, die diesen Zweck erfüllen. In den heutigen westlichen Gesellschaften sind dies der Arbeitsmarkt und die Konsumexistenz. Diese übernehmen die Aufgaben, die früher den beiden vorher

---

[19] Vgl. Beck 1986, a. a. O., S. 121 ff.
[20] Vgl. ebd., S. 169 ff.

genannten Bindungen vorbehalten waren, nämlich Standardisierung und soziale Kontrolle. Individualisierung in der Risikogesellschaft hat also auch etwas mit Marktabhängigkeit und Massenkonsum zu tun. Hier liegt auch die Paradoxie dieses Prozesses: Individualisierung führt zu Abhängigkeiten, wenn auch zu anderen als bisher.[21] Beck verweist hierbei auch wieder auf einen Zusammenhang zwischen Individualisierung und Modernisierungsrisiken: So können nicht nur Arbeit und Konsum dem Menschen in der Risikogesellschaft als Orientierung dienen, sondern auch vermehrt Bürgerinitiativen und soziale Gruppen, die sich zur Bekämpfung von Umweltproblemen bzw. ökologischer Gefährdungslagen, also zur Handhabung der Modernisierungsrisiken, herausgebildet haben.[22]

1.5 20 Jahre später: von der Risiko- zur Weltrisikogesellschaft

2007, also rund 20 Jahre nachdem er sein Konzept der Risikogesellschaft der Öffentlichkeit vorgestellt hatte, erschien Becks Werk *Weltrisikogesellschaft. Auf der Suche nach der verlorenen Sicherheit* Ziel dieses Buchs ist es, einige Aspekte des Konzepts, die 1986 nur angedeutet wurden, auszubauen sowie die Theorie im Hinblick auf die fortgeschrittene Globalisierung weiterzuentwickeln. Galt sein Blick in der *Risikogesellschaft* noch hauptsächlich den westlichen Gesellschaften, teilweise sogar explizit der deutschen,[23] so nimmt er in der *Weltrisikogesellschaft* eine deutlich globalere Perspektive ein. Einige seiner auf diese Weise gewonnenen Erkenntnisse sollen im Folgenden kurz vorgestellt werden.

Beck unterscheidet verschiedene Typen globaler Risiken: ökologische Krisen, globale Finanzkrisen und terroristische Gefahren. (Ein vierter Typ, die biographischen Risiken, sind ein eng mit der Individualisierung verbundener Teil der Risikogesellschaft, aus der globalen Perspektive jedoch eher unbrauchbar, weshalb Beck auf diese nicht näher eingeht.)[24] Die weltweite Vernetzung sämtlicher Lebensbereiche führt dazu, dass die Gefährdungen eines Landes auch automatisch zu Risiken für andere Staaten werden. Beck schreibt hierzu Folgendes: „Von jetzt an ist nichts, was geschieht, ein bloß lokales Ereignis. Alle wesentlichen Gefahren sind Weltgefahren geworden, die Situationen jeder Nation, jeder Ethnie, jeder Religion, jeder Klasse, jedes Einzelnen ist auch Resultat und Urheber der Situation der Menschheit. [...] Das hat niemand vorhergesehen, gewollt oder gewählt, dennoch ist es aus Entscheidungen als deren ungesehene Summenfolge hervorgegangen und zu conditio humana geworden. Niemand kann sich dem entziehen. Damit wurde eine Verwandlung von Gesellschaft, Politik und Geschichte eingeleitet, die bislang unbegriffen geblieben ist und die ich schon früh auf den Begriff Weltrisikogesellschaft gebracht habe."[25] Ähnlich wie bei der Entstehung der Modernisierungsrisiken ist also auch deren nunmehr eingetretene Globalität keineswegs beabsichtigt gewesen, sondern eine Nebenfolge der fortschreitenden Modernisierung, ein „side effect" der Globalisierung.

---

[21] Vgl. ebd., S. 211 ff.
[22] Vgl. ebd., S. 119 f.
[23] Vgl. Beck 1986, a. a. O., S. 208 ff.
[24] Vgl. Beck 2007, a. a. O., S. 37 f.
[25] ebd., S. 47 f.

Beck geht des Weiteren davon aus, dass die heutigen Risiken – atomare, chemische und gentechnische Unfälle sowie terroristische Anschläge – nicht ausreichend versicherbar sind. In dem Moment, in dem ein solches Risiko von einer latenten Vorstellung zur Realität – also zur Katastrophe – wird, sind die Konsequenzen mit hoher Wahrscheinlichkeit irreparabel und ohne raum-zeitliche Begrenzung. Keine Versicherungsgesellschaft wäre dazu in der Lage, hier eine ausreichende Kompensation zu leisten. Vereinfacht ausgedrückt: je größer die Gefahr, desto geringer der Versicherungsschutz. Deshalb sprechen die Regierungen der verschiedenen Staaten Sicherheitsgarantien aus, um ihre Bürger in Sicherheit vor den Modernisierungsrisiken zu wiegen, bspw. wenn sie behaupten, Atomkraftwerke seien sicher. Damit begeben sie sich jedoch auf dünnes Eis, denn dies stellt eine eindeutige Verschleierung der wirklichen Gefährdungslagen dar. Atomkraftwerke und dergleichen sind niemals vollkommen sicher. Kommt es also doch einmal zur Katastrophe, so kann es sein, dass bisherige Institutionen in Frage gestellt werden, da sie die einstmals garantierte Sicherheit nicht gewähren konnten. Politische Führungen könnten als Folge ihre Legitimation einbüßen. Hier wird deutlich, dass die Risiko- bzw. Weltrisikogesellschaft auch über eine weitreichende politische Dynamik verfügt.[26]

Globale Risiken können nicht durch lokale Maßnahmen einzelner Staaten bewältigt werden. Hierzu ist ein Zusammenarbeiten der internationalen Staatengemeinschaft erforderlich. Dies wird jedoch dadurch erschwert, dass Risiken auch auf globaler Ebene das Produkt von Definitionen sind: „Risiken sind soziale Konstruktionen und Definitionen auf dem Hintergrund entsprechender Definitionsverhältnisse. Sie existieren in Form eines (wissenschaftlichen und alternativ-wissenschaftlichen) Wissens. Folglich kann ihre Realität dramatisiert oder minimiert, verwandelt oder schlicht geleugnet werden gemäß den Normen, nach denen über Wissen und Nichtwissen entschieden wird. Sie sind Produkte von Definitionskämpfen und Definitionskonflikten im Rahmen bestimmter Definitionsmachtverhältnisse, also (mehr oder weniger erfolgreiche) Resultate von Inszenierungen."[27] Wenn nun aber globale Risiken ebenfalls verschieden interpretiert werden können, so erscheint es unvermeidlich, dass verschiedene Staaten ein und dieselbe Gefährdung unterschiedlich definieren. Dies führt unweigerlich zu Konflikten zwischen den einzelnen Ländern bezüglich der Handhabung von Risiken. Als Beispiele können hier die Blockadehaltung der USA beim internationalen Klimaschutz oder die unterschiedlichen Herangehensweisen bei der Terrorismusbekämpfung angeführt werden. Diese Konflikte belasten einerseits das Verhältnis zwischen den Staaten, andererseits verhindern sie eine adäquate Bewältigung der Risiken. Auch hier zeigt sich wieder die politische Dynamik der Weltrisikogesellschaft.[28]

Beck formuliert im Zuge seiner Erweiterung der Risiko- zur Weltrisikogesellschaft zahlreiche weitere Erkenntnisse, bspw. die Unmöglichkeit der individuellen Haftbarmachung von Risikoproduzenten (was von ihm als „organisierte Unverantwortlichkeit" bezeichnet wird),[29] auf die jedoch an dieser Stelle nicht näher eingegangen werden soll.

---

[26] Vgl. Beck 2007, a. a. O., S. 61 ff.
[27] ebd., S. 66.
[28] Vgl. ebd., S. 67 ff.
[29] Vgl. ebd., S. 60.

2. Kontext: von der Ersten zur Zweiten Moderne

In Becks Gesamtwerk steht das Konzept der Risikogesellschaft keineswegs isoliert da. Es ist vielmehr nur ein Bestandteil (wenn auch ein äußerst wichtiger, vielleicht sogar der zentrale) einer noch viel umfassenderen Theorie, nämlich der der sog. „reflexiven Modernisierung". Überhaupt scheinen eine Vielzahl seiner Schriften auf das Ziel hin ausgerichtet zu sein, diese Theorie in ihrem vollen Umfang auszubreiten.[30] Die Veröffentlichung der *Risikogesellschaft* im Jahre 1986 markiert den Anfang dieses ehrgeizigen Projekts.[31] Daher mag es auch nicht verwundern, wenn bei den folgenden Ausführungen zur Theorie der reflexiven Modernisierung gewisse Überschneidungen mit den bisherigen Erläuterungen zum Konzept der Risikogesellschaft festzustellen sind.

Für Beck hat die Modernisierung, die seit dem Zeitalter der Aufklärung einsetzte und in der Industriegesellschaft mündete, nur noch wenig mit der Modernisierung gemein, wie wir sie heute erleben. Es fand sozusagen ein Bruch innerhalb der Modernisierung statt, der die Epoche bzw. das Zeitalter der Moderne in eine – wie Beck sie nennt – „Erste Moderne" und eine „Zweite Moderne" spaltet. Die Erste Moderne als Produkt der „herkömmlichen" Modernisierung war ein „geschlossenes, institutionell verfestigtes, monopolartig strukturiertes System",[32] deren typische Gesellschaftsordnung die Industriegesellschaft war. Ihre zentralen Merkmale waren demnach relativ homogene und klar voneinander differenzierte Klassen und Schichten, nach denen sich die Lebensstile und Lebensschicksale der Einzelnen richteten, eine kollektive Solidarität, die Schließung von Diskursen durch konsensuelle wissenschaftliche Begründungen, die Ausblendung von Nebenfolgen und nicht-behebbarer Ungewissheit, ein wissenschaftliches Begründungsmonopol sowie das Vorhandensein traditionaler Bindungen und Weltbilder.[33]

Die (Welt-)Risikogesellschaft stellt den Übergang von der Ersten zur Zweiten Moderne dar, sozusagen die erste Phase innerhalb der Zweiten Moderne.[34] Sie ist auch der Zustand, in dem wir uns laut Beck gerade befinden. Diese Gesellschaftsordnung ist das Produkt eines immensen Fortschritts von Wissenschaft, Technik etc., der zu einer Wohlstandssteigerung führte, von dem die Angehörigen aller Klassen und Schichten profitierten. Die Konsequenzen hiervon sind dieselben, die auch schon unter Punkt 1 erläutert wurden: „die Entgrenzung der im Bündnis von Wissenschaft, Technik und Industrie produzierten technischen Risiken (Kernenergie, Chemie, Gentechnik, Klimawandel) und die Entgrenzung der bislang in Klassen und Schichten differenzierten und von ihnen strukturierten Lebensbedingungen, Lebensstile und Lebensschicksale."[35] Die Entgrenzung der Wissenschaft bedeutet in diesem Zusammen-

---

[30] Dies wird allein schon durch einen Blick auf die zahlreichen Veröffentlichungen von Beck deutlich. Darunter finden sich Titel wie *Die Entdeckung des Politischen. Zu einer Theorie reflexiver Modernisierung* (1993), *Reflexive Modernization* (1994; mit Anthony Giddens und Scott Lash) oder *Die Modernisierung der Moderne* (2001; mit Wolfgang Bonß), um nur einige Beispiele zu nennen.
[31] Vgl. Münch, Richard: Soziologische Theorie. Band 3: Gesellschaftstheorie. Frankfurt/Main 2004. S. 505.
[32] Münch 2004, a. a. O., S. 517.
[33] Vgl. ebd., S. 506, 517 f.
[34] Vgl. ebd., S. 518.
[35] ebd., S. 506.

hang, dass sie sich in zunehmendem Maße selbst in Frage stellt. Der immer schneller werdende Forschungsprozess hat zur Folge, dass es keine absoluten Wahrheiten mehr gibt. Stattdessen stehen sich zahlreiche, oft widersprüchliche Erklärungsansätze zu ein und derselben Thematik gegenüber. Daraus folgt, dass ein Diskurs nicht mehr einfach durch eine konsensuelle wissenschaftliche Begründung geschlossen werden kann. Eine weitere Folge hiervon ist, dass politische Entscheidungen, denen wissenschaftliche Gutachten zugrunde liegen, relativierbar werden. Dies deutet bereits darauf hin, dass auch das Feld der Politik von den Entgrenzungsprozessen der reflexiven Modernisierung nicht unberührt bleibt. Durch den Bruch mit den Traditionen der Industriegesellschaft wird alles diskutierbar und verhandelbar; Entscheidungsgrundlagen müssen neu festgelegt werden. Dies bewirkt eine Politisierung sämtlicher Lebensbereiche.[36]

Die Probleme bzw. negativen Aspekte dieser Übergangsphase sind jedoch recht zahlreich: die Überproduktion von Risiken, die Anhäufung der Definitionsmacht in den Händen einiger weniger, die organisierte Unverantwortlichkeit usw. Für das längerfristige Überleben der Menschheit[37] ist es daher unumgänglich, sich von letzten Überbleibseln der „herkömmlichen" Modernisierung zu befreien und ein Zeitalter der reflexiven Modernisierung einzuläuten, womit ein endgültiger Übergang in die Zweite Moderne (also in deren zweite Phase) verbunden wäre. Diese wird von Beck charakterisiert als ein „offenes, pluralistisches und schwach strukturiertes System, das jedoch durch das Festhalten an irgendwie noch funktionierenden Formen der verbindlichen Entscheidung vor dem Abgleiten in die Beliebigkeit der Postmoderne gerettet wird".[38] (Beck möchte unbedingt vermeiden, dass sein Konzept der Zweiten Moderne in einen Topf mit den verschiedenen Postmoderne-Theorien geworfen wird, denn diese zeichnen sich nach seiner Auffassung durch eine geringe Begründungsnotwendigkeit bzw. Beliebigkeit pluraler Grenzziehung aus.) Weitere Kennzeichen der Zweiten Moderne sind der „Zuwachs an widersprüchlichen wissenschaftlichen Begründungsressourcen, die Anerkennung des Nicht-Wissens und alternativer, nicht wissenschaftlicher Begründungsformen, die Einbeziehung unerwarteter Nebenfolgen (Risiken) und die Schließung von Diskursen durch Ad-hoc-Institutionen der Entscheidungsfindung".[39] Der Ausgang aus der (Welt-)Risikogesellschaft in eine bessere Moderne ist also das Ziel, das es laut Beck zu erreichen gilt. Jedoch belässt er es nicht allein bei dieser Zielformulierung, sondern bietet gleichzeitig eine Reihe von Vorschlägen, mit denen diese Vorstellung seiner Meinung nach realisiert werden kann. So spricht er sich bspw. dafür aus, dass Entscheidungen über die gesellschaftliche Zukunft nicht mehr einzig und allein der Berufspolitik überlassen werden dürfen. Die Menschen sind dazu aufgefordert, mithilfe der Handlungsspielräume, die die Moderne ihnen bietet, institutionalisierte Sachzwänge zu hinterfragen und ihnen ggf. entgegenzuwirken. Eigenverantwortung und kritisches (Risiko-)Bewusstsein bieten letztendlich das zentrale Potential für die Überwindung der

---
[36] Vgl. ebd., S. 507 ff.
[37] Vgl. Treibel, Annette: Einführung in soziologische Theorien der Gegenwart. Wiesbaden 2006. S. 248 f.
[38] Münch 2004, a. a. O., S. 517.
[39] ebd., S. 517.

Risikogesellschaft.[40] Die Zweite Moderne (bzw. deren zweite Phase) ist also ein normativer Zielzustand, den es nach Becks Ansicht erst noch zu erreichen gilt. Die deutsche Soziologin Annette Treibel fasst diesen Sachverhalt prägnant zusammen: „In der Zweiten Moderne transformieren die Bürgerinnen und Bürger die Risikogesellschaft durch Reflexion und Engagement. Der Begriff der Zweiten Moderne dient als Sammelbezeichnung und Zielprojektion für eine neue Gesellschaftspolitik. Auf diese Weise wandelt sich die Weltgefahrensgemeinschaft [sic] zu einer Weltbürgergesellschaft."[41]

Im Laufe dieses Abschnitts dürfte wohl deutlich geworden sein, in welchem Kontext die (Welt-)Risikogesellschaft im Hinblick auf Becks Gesamtwerk zu verstehen ist: sie ist die Schnittstelle zwischen zwei unterschiedlichen Epochen der Moderne. Das Ziel der Menschen muss es sein, mithilfe einer reflexiven Modernisierung die Risikogesellschaft zu überwinden und somit (endgültig) in den normativen Zielzustand der Zweiten Moderne einzutreten.

---

[40] Vgl. Beck 1986, a. a. O., S. 357 ff.
[41] Treibel 2006, a. a. O., S. 252.

3. Zur Kritik an Ulrich Becks Theorie

Zahlreiche Autoren verschiedener Disziplinen haben sich kritisch mit Becks Konzept auseinandergesetzt. Da das Vorhaben, sie alle zu Wort kommen zu lassen, den Umfang dieser Arbeit sprengen würde, erwies es sich als unvermeidlich, eine subjektive Auswahl vorzunehmen. Die Wahl fiel auf die beiden deutschen Soziologen Rainer Geißler und Richard Münch, deren zentrale Kritikpunkte nachfolgend und in wenigen Worten dargestellt werden sollen.

3.1 Rainer Geißlers Vorwurf der Verschleierung sozialer Ungleichheitsverhältnisse

Geißler kritisiert in seinem 1996 erschienenen Aufsatz *Kein Abschied von Klasse und Schicht. Gefahren der deutschen Sozialstrukturanalyse* Becks These des schwindenden Einflusses der traditionellen Klassen und Schichten auf die Lebensstile und Lebensschicksale der Individuen. So seien zwar durchaus Tendenzen der Pluralisierung und Individualisierung erkennbar, jedoch sei diese zunehmende Vielfalt nicht automatisch gleichbedeutend mit dem Verschwinden der vertikalen Gesellschaftsstrukturen, wie Beck es seinem Konzept zu suggerieren versuche. Hier liegt nach Geißlers Auffassung ein elementarer Irrtum der derzeitigen deutschen Sozialstrukturanalyse vor. Die bestehenden sozialen Ungleichheiten seien für das Handeln und die Lebenschancen des Einzelnen nach wie vor wesentlich bestimmender als die von Beck beschriebenen Risiken und Individualisierungsprozesse. Mit der Präsentation von empirischem Datenmaterial zu drei gesellschaftlichen Teilbereichen versucht Geißler, seine Ausführungen zu belegen:

- An den Hochschulen seien die Kinder aus Arbeiterfamilien und Familien mit geringem Einkommen weiterhin stark unterrepräsentiert, wohingegen ihre Präsenz an Schulen mit niedrigem Bildungsabschluss überproportional hoch sei. Von der Bildungsexpansion hätten sie nicht in gleichem Maße profitiert wie die Kinder aus gut situierten Familien.
- Auch der Bereich der politischen Teilnahmechancen erweise sich als relativ resistent gegenüber sozialem Wandel, weshalb in ihm ebenfalls eine starke Ungleichheit zwischen den verschiedenen sozialen Schichten festzustellen sei.
- Im Bereich der Gefahren von Kriminalität und Kriminalisierung gebe es einen schichtspezifisch unterschiedlichen Druck zu kriminellem Verhalten. Strafverfolgung und Bestrafung seien von kumulativen schichtspezifischen Selektionsprozessen gekennzeichnet.

Geißler gelangt zu dem Schluss, dass sich derjenige, der die nach wie vor immense Wirkung schichtspezifischer Ungleichheiten auf den Einzelnen übersehe oder unterschätze, in eine wissenschaftliche Einseitigkeit begebe. Infolgedessen unterstellt er Becks Konzeption (insbesondere dem Part der „Fahrstuhl-Metapher"), sie sei irreführend und ideologiebehaftet, da sie die bestehenden sozialen Ungleichheitsverhältnisse verschleiere.[42]

3.2 Kritische Würdigung bei Richard Münch

Münchs Kritik setzt bei einem völlig anderen Bezugspunkt an als die von Geißler. Münch sieht das Hauptproblem des von Beck verfolgten Projekts einer Theorie der reflexiven Modernisierung in seiner Herkunft aus der Zeitdiagnose: Die empirische Beobachtung und Beschreibung des gegenwärtigen Zustandes – also der Risikogesellschaft – werde zu einer umfassenden Theorie der reflexiven Modernisierung verallgemeinert, die den Anspruch der Feststellung und Erklärung eines globalen Epochenumbruchs und einer fundamentalen Änderung der Gesetzmäßigkeiten der Modernisierung erhebe. Becks Ausführungen seien zum Teil zeitlich und/oder räumlich (gemeint sind hier v. a. seine Ausführungen, die sich speziell auf die Bundesrepublik Deutschland beziehen) begrenzt und könnten demnach nicht als Erklärung für einen universellen Epochenwandel herhalten.

So sei nach Münchs Ansicht schon die Unterscheidung von Erster und Zweiter Moderne problematisch, da sich für diese begrifflichen Konstrukte in der Realität keine Entsprechungsverhältnisse finden ließen. Beck würde die heutigen Umbrüche und Entgrenzungsprozesse viel zu sehr hervorheben und übersehe dabei, dass auch die Industriegesellschaft von einer starken Dynamik und Veränderung in sämtlichen Lebensbereichen gekennzeichnet gewesen sei, vielleicht sogar wesentlich stärker als die heutigen Gesellschaften. Von einem sich vollziehenden Epochenwandel innerhalb der Moderne zu sprechen sei daher ungerechtfertigt.

Des Weiteren bestreitet Münch die gesteigerte Unkontrollierbarkeit der heutigen Risiken im Vergleich zu denen der industriegesellschaftlichen Vergangenheit. Schadstoffausstöße bspw. seien von Beginn an Teil der Industrialisierung gewesen und hätten damals wie heute keine nationalstaatlichen Grenzen gekannt. Das Argument der neuerlichen Globalität von Modernisierungsrisiken könne demnach ebenfalls nicht gelten. Münch behauptet sogar, globale Risiken könnten heute besser gehandhabt werden als zu früheren Zeiten, da es mittlerweile eine Vielzahl internationaler Instanzen zu diesem Zweck gebe. Unter diesem Aspekt erscheine die Klassifizierung der heutigen Gesellschaft als (Welt-)Risikogesellschaft eher ungerechtfertigt.[43]

Münch führt darüber hinaus eine Reihe weiterer Kritikpunkte an, bspw. die vermeintlich überwiegend negative Darstellung des Individualisierungsprozesses bei Beck, dessen angeblich zu geringe Berücksichtigung des medialen Einflusses bei der Schaffung eines Risikobewusstseins oder dessen scheinbare Überbewertung der gesellschaftlichen Reflexivität bei der Erkennung und Bekämpfung von Modernisierungsrisiken. Aus Gründen der Übersichtlichkeit und Kompaktheit soll an gegebener Stelle auf diese jedoch nicht näher eingegangen werden.

---

[42] Vgl. Geißler, Rainer: Kein Abschied von Klasse und Schicht. Gefahren der deutschen Sozialstrukturanalyse. In: Kölner Zeitschrift für Soziologie und Sozialpsychologie. Jg. 48, Heft 2, 1996, S. 319-338.
[43] Vgl. Münch 2004, a. a. O., S. 520 ff.

C. Fazit

Nach der Auffassung Ulrich Becks leben wir in einer Risikogesellschaft. Zentrales Merkmal dieses Gesellschaftstyps ist eine Überproduktion von Risiken, welche einen immensen Einfluss auf die Lebensführung der Gesellschaftsmitglieder ausübt. Diese Modernisierungsrisiken sind ein nicht intendiertes Nebenprodukt des technologischen und wissenschaftlichen Fortschritts und unterscheiden sich demnach stark von den Risiken, mit denen sich die Menschen früherer Epochen konfrontiert sahen: So zeichnen sich die Risiken heutiger Gesellschaften in erster Linie durch ihre Irreversibilität, Latenz und Globalität aus sowie dadurch, dass sie zunächst einen Prozess der Interpretation, Definition und Anerkennung durchlaufen müssen, um überhaupt als Risiken anerkannt zu werden. Modernisierungsrisiken sind somit auch immer ein soziales Konstrukt bzw. verfügen über eine soziale Komponente. In den vergangenen Jahren hat jedoch v. a. der Aspekt der Globalität an Bedeutung gewonnen, weshalb Beck sein Konzept zu dem einer Weltrisikogesellschaft erweitert hat. Dieses besagt, dass alle relevanten Gefährdungen mittlerweile zu globalen Risiken geworden sind. Auf internationaler Ebene entstehen so neue Ungleichheitslagen, da die Entwicklungsländer die Modernisierungsrisiken der Industriestaaten mitzutragen haben. Innerhalb der Nationalstaaten übt das Risiko hingegen eine egalisierende Wirkung aus, da es alle Einwohner nahezu gleichermaßen betrifft und somit die Grenzen zwischen den traditionellen Klassen und Schichten aufhebt. Neben dieser Dynamik des Risikos stellt der Prozess der Individualisierung ein weiteres zentrales Element der (Welt-)Risikogesellschaft dar. Die Menschen werden aus ihren bisherigen sozialen Verbindungen (Klassen bzw. Schichten, Geschlechterrollen etc.) herausgelöst, verlieren dadurch einen großen Teil ihrer Handlungssicherheit und begeben sich deswegen auf die Suche nach neuen Bindungen, die sie bspw. in neuartigen sozialen Bewegungen (Umweltbewegungen, Friedensbewegungen, Geschlechterbewegungen etc.) finden. Auf diese Weise entstehen bisher nie da gewesene Formen der Standardisierung, der sozialen Kontrolle und des Handelns. Zusammenfassend lässt sich also sagen, dass (Welt-)Risikogesellschaften Gesellschaften sind, „die zunächst verdeckt, dann immer offensichtlicher mit den Herausforderungen der selbstgeschaffenen Selbstvernichtungsmöglichkeiten allen Lebens auf dieser Erde konfrontiert sind".[44]

In Becks Gesamtwerk nimmt das Konzept der (Welt-)Risikogesellschaft eine zentrale Position ein. Sie ist nämlich ein wichtiger Bestandteil seiner Theorie der reflexiven Modernisierung. Diese besagt, dass sich die heutige Modernisierung radikal von der des bisherigen industriegesellschaftlichen Zeitalters unterscheidet, wodurch sich ein Bruch in der Moderne ergeben hat, der diese Epoche in eine Erste und eine Zweite Moderne spaltet. An deren Schnittstelle befindet sich die (Welt-)Risikogesellschaft, die somit eine Art Übergangsphase auf dem Weg in eine andere bzw. bessere Moderne darstellt. Daher gilt es, sie durch Engagement und Reflexion zu überwinden und in eine Weltbürgergesellschaft zu wandeln, um so endgültig in den normativen Zielzustand der Zweiten Moderne einzutreten.

---

[44] Treibel 2006, a. a. O., S. 248.

Becks Konzept fand in der Öffentlichkeit großen Anklang. Sein Buch *Risikogesellschaft. Auf dem Weg in eine andere Moderne* avancierte schnell zu einem Bestseller, wurde mittlerweile in mehr als 30 Sprachen übersetzt[45] und verhalf Beck somit zu einem immensen Bekanntheitsgrad, was für zeitgenössische Soziologen eher untypisch ist. Die Risikogesellschaft wurde zu einem geflügelten Wort und fand in bestimmten Bundesländern sogar Eingang in den Lehrplan des Sozialkundeunterrichts.[46] (Für diesen Erfolg dürfte jedoch nicht allein die Originalität von Becks Studie verantwortlich sein, auch der kurz nach der Veröffentlichung seines Buches eingetretene und mit seinen Erkenntnissen korrespondierende Reaktorunfall in Tschernobyl hat hierzu wohl seinen Teil beigetragen.) Auch innerhalb der wissenschaftlichen Fachgemeinde stieß Becks Konzept auf enorme Resonanz. Zahlreiche Autoren haben sich mit dem Konzept der Risikogesellschaft auseinandergesetzt, es positiv aufgenommen und teilweise sogar zum Ausgangspunkt ihrer eigenen Studien gemacht.[47]

Die exemplarisch dargestellte Kritik der beiden deutschen Soziologen Rainer Geißler und Richard Münch sollte jedoch verdeutlicht haben, dass es auch einige Vertreter der „scientific community" gibt, die Becks Konzept kritisch oder gar ablehnend gegenüberstehen. Geißlers Kritik richtet sich an Becks These der Entkopplung individuellen Verhaltens von der jeweiligen sozioökonomischen Position. Für Geißler sind die nach wie vor gravierenden sozialen Ungleichheitsverhältnisse die primär handlungsbestimmende Variable. An dieser Stelle sollte jedoch angemerkt werden, dass die empirischen Daten zum Thema soziale Ungleichheit kein eindeutiges Muster ergeben, weshalb wohl beide Positionen ihre Berechtigung besitzen. Nicht selten scheint in solchen Fällen das jeweilige Erkenntnisinteresse die späteren Ergebnisse zu beeinflussen, weswegen Geißlers Vorwürfe meines Erachtens nur beschränkte Gültigkeit besitzen. Etwas schwerwiegender erscheint hingegen die Kritik von Münch. Diese setzt weniger beim Konzept der Risikogesellschaft selbst an, sondern eher bei ihrem Kontext, der Theorie der reflexiven Modernisierung. Münchs Kritikpunkte sind recht zahlreich und dienen meiner Ansicht nach sehr gut zur Illustration der Tatsache, dass Becks Theorie nicht ohne Schwachstellen ist (was, wie in der Einleitung bereits angedeutet, wohl für sämtliche sozialwissenschaftliche Theorien zutrifft).

Abschließend lässt sich also sagen, dass Beck mit seiner Diagnose „den Nerv der Zeit eindeutig getroffen" hat.[48] Seine Feststellungen sind präzise und treffend, auch wenn einige davon nicht unumstritten sind. Die Frage, inwieweit die Kritik an Becks Konzept berechtigt ist, muss jedoch ebenso weitgehend ungeklärt bleiben wie die Frage, ob er mit der Kategorie des Risikos überhaupt das zentrale Element gegenwärtiger Gesellschaften beschrieben hat oder ob hierzu nicht andere Kategorien wie die des Erlebnisses, der Kommunikation, des Multikulturalismus, der Multioptionalität usw. besser geeignet wären. Diese Entscheidung ist letztendlich immer eine subjektive.

---

[45] Vgl. Beck 2007, a. a. O., S. 9.
[46] Vgl. Treibel 2006, a. a. O., S. 247.
[47] Vgl. Beck 2007, a. a. O. S. 9 ff.
[48] Nassehi, Armin: Risikogesellschaft. In: Kneer, Georg/Nassehi, Armin/Schroer, Markus (Hg.): Soziologische Gesellschaftsbegriffe. Konzepte moderner Zeitdiagnosen. München 1997. S. 252-279

D. Literaturverzeichnis

Monographien

- Beck, Ulrich: Weltrisikogesellschaft. Auf der Suche nach der verlorenen Sicherheit. Frankfurt am Main 2007.
- Treibel, Annette: Einführung in soziologische Theorien der Gegenwart. Wiesbaden 2006.
- Münch, Richard: Soziologische Theorie. Band 3: Gesellschaftstheorie. Frankfurt/Main 2004.
- Beck, Ulrich: Risikogesellschaft. Auf dem Weg in eine andere Moderne. Frankfurt am Main 1986.

Beiträge in Sammelbänden, Zeitschriften u. Ä.

- Nassehi, Armin: Risikogesellschaft. In: Kneer, Georg/Nassehi, Armin/Schroer, Markus (Hg.): Soziologische Gesellschaftsbegriffe. Konzepte moderner Zeitdiagnosen. München 1997. S. 252-279.
- Geißler, Rainer: Kein Abschied von Klasse und Schicht. Gefahren der deutschen Sozialstrukturanalyse. In: Kölner Zeitschrift für Soziologie und Sozialpsychologie. Jg. 48, Heft 2, 1996, S. 319-338.

Internetquellen

- http://diegesellschafter.de/index.php?z1=1245241452&z2=6e83a44498a5a4794dac3dd2fce6416e & (Zugriff 18.06.2009)

Printed in Germany
by Amazon Distribution
GmbH, Leipzig